出せる！
魅せる！

二の腕ワークアウト

フィットネストレーナー
北島達也

はじめに

二の腕はもっとも結果が出やすい！

二の腕のたるみや太さは女性の永遠の悩みです。肌の露出が増える夏場に、鏡に映った二の腕を見て腕を出すのを躊躇《ちゅうちょ》してしまった……という経験がある人も多いはず。そんなみなさんのために、もともとボディビルダーで、現在はパーソナルトレーナーとして指導している私が知る、最高のワークアウト方法やボディメイク術のポイントを一冊にまとめました。

一般的には「一度脂肪がつくとなかなかやせない」といわれている二の腕ですが、おしりなどに比べて鍛えるべき筋肉が小さいため、実はボディメイクにおいてもっとも結果が出やすい部位です。それなのに悩みがつきない理由はただひとつ、**「間違ったトレーニングをしている」**から。

日本人女性の多くはボディメイクと聞くと、やせることにばかりとらわれがちです。しかし人間にはそれぞれベースとなる体型があり、ただやせるだけではそのバランスまで変えることはできません。二の腕が気になるからと、ただやみくもにダイエットを行っても、胸など落としたくないところまでやせてしまい、「もとの体型はそのままで、ひとまわり小さくなる」だけなのです。

日本においてもっともメジャーなダイエット方法である「低脂肪ダイエット」の落とし穴はここにあります。低脂肪ダイエットで制限する肉や魚などに含まれる脂質は、女性ホルモンの材料でもあるため、長期間制限すると女性らしい丸みのほか、肌や髪の美しさまで失われてしまいます。それではどれだけやせても、本当に美しくなったといえるでしょうか？

重要なのは「メリハリ」

トレンドの最先端をいく欧米のフィットネスモデルやセレブたちの間でも、ドレスやTシャツをカッコよく着こなすために、美腕ボディメイクが大流行中です。しかし、**彼女たちがもっとも重要視しているのは太さではなく「メリハリ」**です。彼女たちにとって細いだけの二の腕は貧弱とされ、憧れの的ではありません。適切なワークアウトを行えば、ある部位だけを細くするのはそれほど難しいことではありませんが、外科手術を行わない限り骨の太さは変えられないため、絞るにも限界があります。

そこで彼女たちが行っているのが、二の腕が引き締まって見える、ポイントを押さえたワークアウト。二の腕のたるみを引き上げると同時に、背中や二の腕の裏側の筋肉にもしっかりアプローチして、ウエストと同じく「くびれ」のあるすっきりとしたラインをつくるのです。

ワークアウトで憧れのやせ体質に！

ウエイトトレーニングと聞くと「ごつくなってしまうのでは」と心配する人もいますが、これからご紹介するワークアウトは、あくまでもメリハリを演出するために必要な筋肉だけをつけるものなので安心してください。どんなに行っても、男性のようにムキムキの体にはなりません。

食べても太らない憧れの「やせ体質」になりたい人は、むしろ積極的にウエイトトレーニングを行ってください。**筋肉量が増えれば基礎代謝が上がるため、脂肪がつきにくい体**になります。またウエイトトレーニングを行うと、**美と健康を保つために必要な成長ホルモンや女性ホルモンなど各種ホルモンの分泌量**

が劇的に増えるということも科学的に証明されています。そのため、やればやるほど女性らしさに磨きをかけることができるのです。

1回5分、週2回でOK

この本では4週間にわたる二の腕やせワークアウトをご紹介していますが、そのほとんどが1回5分程度、週2回だけ行うものなので、忙しい人でも気軽に続けられるはず。ハードなダイエットを経験している人ほど、「こんなに短時間で効果が出るの？」と不安になるかもしれませんが、**長時間・高頻度のワークアウトは筋肉の修復と発達を阻害してしまうため、実は逆効果なのです。**解説通りに正しく行えば短時間でも絶大な効果が出ますので、信じて行ってみてください。

ここまで読んだら、これまでのダイエットの常識は一旦すべて忘れましょう。大切なのは、正しい知識を持って実践すること。そして理想の二の腕を、できるだけ具体的にイメージしてください。それさえできれば、1ヵ月後にはすっきりと引き締まった二の腕がかならず手に入ります！

contents

効果を引き出すならこれが正解！

基本姿勢をおさらい！

二の腕ワークアウト 1カ月プログラム

contents

PART 2

ketogenic diet

魅せる二の腕をつくるケトジェニックダイエット

37

PART 3

life style

ちょっとの工夫で体が変わる！
理想の二の腕をつくる生活習慣

本書に出てくる食品の数値は、すべて文部科学省の「食品成分データベース」からです。栄養成分はすべて可食部100g中の分量。糖質相当量は炭水化物から食物繊維を引いた量。

40代でも1ヵ月でこんなに変わる!!

二の腕ワークアウト

[お試し結果]

Data

40歳女性　デスクワーク職

10代の頃からずっと、ややぽっちゃり体型。

二の腕のサイズ　27cm→25.5cm　マイナス1.5cm！

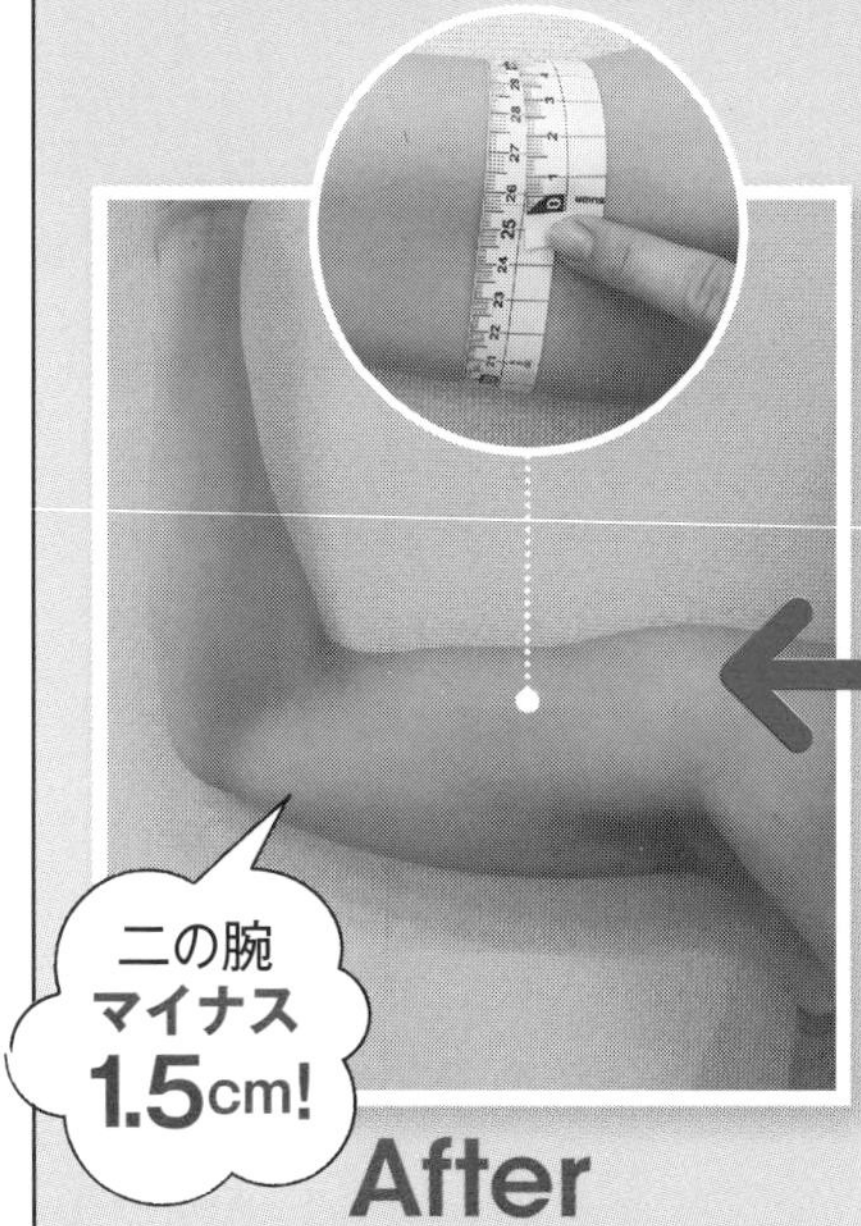

After

タオルエクササイズのワークアウトを、週に2回実施。外食が多くなってしまう職業のため、食事は従来のままでしたが、つま先重心の歩き方も意識して生活したところ、しっかりと効果が出ました。

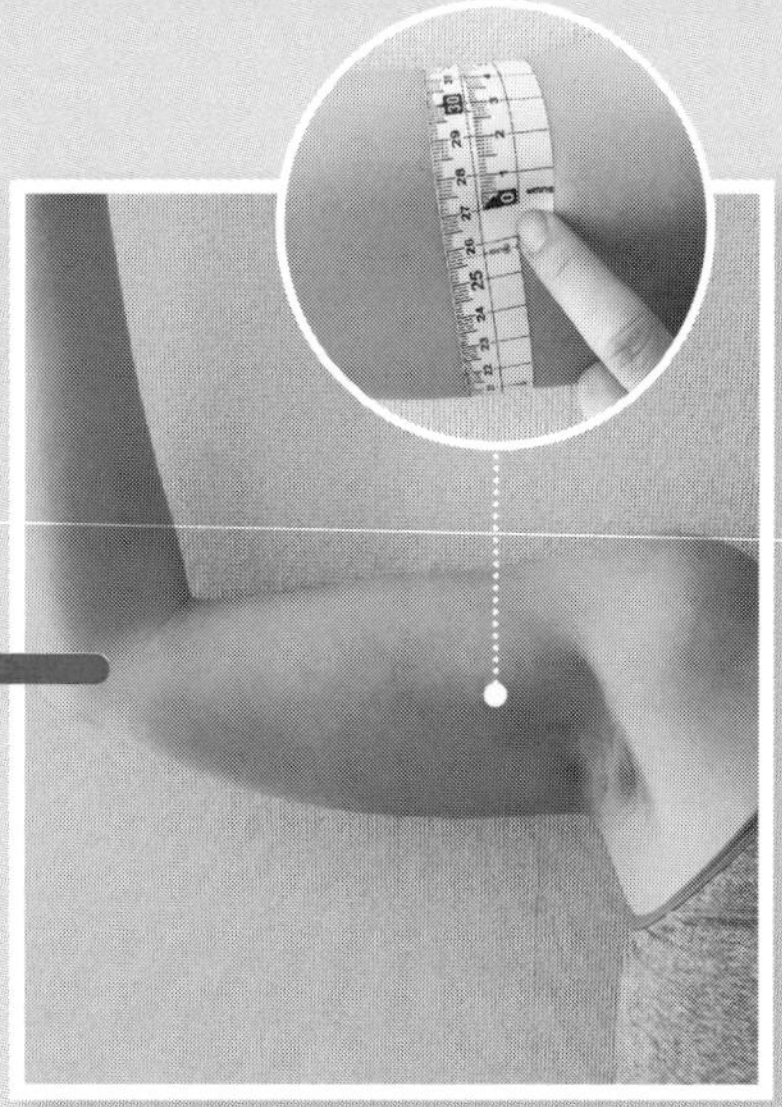

Before

一見すると筋肉質ですが、もともと運動をしていてしっかり筋肉のついた肩と腕に、全体的に脂肪が覆いかぶさり、ぽってりとした印象。

二の腕はもちろん、体重もマイナス7kgに

ずっとぽっちゃり＆筋肉質な体型だったので、子どもの時からノースリーブの服など着たことがなく、私にはきっと一生縁がないだろうなと思っていました。ところが４週間このワークアウトを試して、二の腕だけでなく全体的な引き締めに成功！　なんと体重もマイナス７kgという驚きの結果になりました。これでフレンチスリーブのＴシャツも、腕の出るドレスも、自信を持って着られそうです。

PART

1

workout

1ヵ月でみるみる変わる!

二の腕ワークアウト

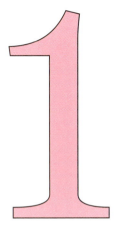

1ヵ月でみるみる変わる！

二の腕ワークアウト

なぜ二の腕はたるむのか

「振りそで肉」とも呼ばれる二の腕のたるみの原因は、運動不足による筋肉量の低下がほとんどです。約500万年前、人類の祖先は両手を自由に使うためにそれまでの四足歩行から、後ろ脚だけで歩く二足歩行へと進化しました。それからというもの、歩行に使われなくなった腕はぐっと筋肉量が落ち、脂肪を蓄えるようになったのです。

日本ではあまりなじみがないですが、欧米にはフィットネスモデルという職業があり、高い報酬と社会的地位を得ています。彼女たちの、女性らしさを残しつつも無駄のないしなやかな体は、美意識の高い女性たちの憧れです。

彼女たちをはじめとする多くの欧米人女性は、少しでもカッコよく肩の出たドレスやTシャツを着こなすために二の腕のワークアウトを欠かしません。世界中に熱狂的なファンを持つ歌姫レディー・ガガも、ワールドツアー前には「二の腕をすっきりさせると腕が長く見え、全身の印象が大きく変わる」と、二の腕を絞るワークアウトに打ち込んでいたといいます。

あなたはいくつ当てはまる？

二の腕まわりのお悩みチェックリスト

- □ 脂肪がたっぷりついている
- □ 振りそでのようなたるみが気になる
- □ エステでも落ちない頑固なセルライト
- □ 筋肉質で全体的にゴツゴツしている
- □ やせ型なのに腕だけ太い
- □ 腕を下ろすと脇から贅肉がはみ出る
- □ 二の腕と背中の境目に肉がついている

これらすべて、
1ヵ月で解消できます！

1ヵ月でみるみる変わる!

二の腕ワークアウト

「肩」と「背中」の筋肉がすっきり二の腕のカギ

女性らしく美しい二の腕を手に入れるためには、かつて人類が四足歩行の時に使っていた①背中、②肩の裏側、③二の腕の後ろ側の筋肉が必要です。

まず背中には、肩甲骨の外側から脇の下にまでつながる「ラット（大円筋、広背筋）」という筋肉があります。この部分は普段の生活ではなかなか使われないため、意識して刺激する必要があります。腕を下ろした時に脇から贅肉がはみ出てしまうのは、ラットの筋力低下が原因です。

肩には三角筋という筋肉が覆うようについていますが、二の腕メイクには特に背中側にあたる「リアデルト（三角筋後部）」が重要です。この部分の筋肉量が低下すると二の腕全体の脂肪が重力に負け、だらしなく下がってしまいます。メリハリのあるシルエットをつくるにはリアデルトを鍛え、たるみがちな脂肪をぐっと引き上げるのが効果的。これにより二の腕と肩の境目にほどよいくびれが生まれ、二の腕がますます細く見えるという視覚効果が生まれます。

3つ目が、二の腕の後ろ側にある「トライセプス（上腕三頭筋）」です。一般的に上腕は「二の腕」とひとくくりで呼ばれますが、正しくは力こぶにあたる筋肉である「上腕二頭筋」と、その後ろ側にある「上腕三頭筋」の大きく2

二の腕の引き締めに欠かせない

肩と背中の筋肉

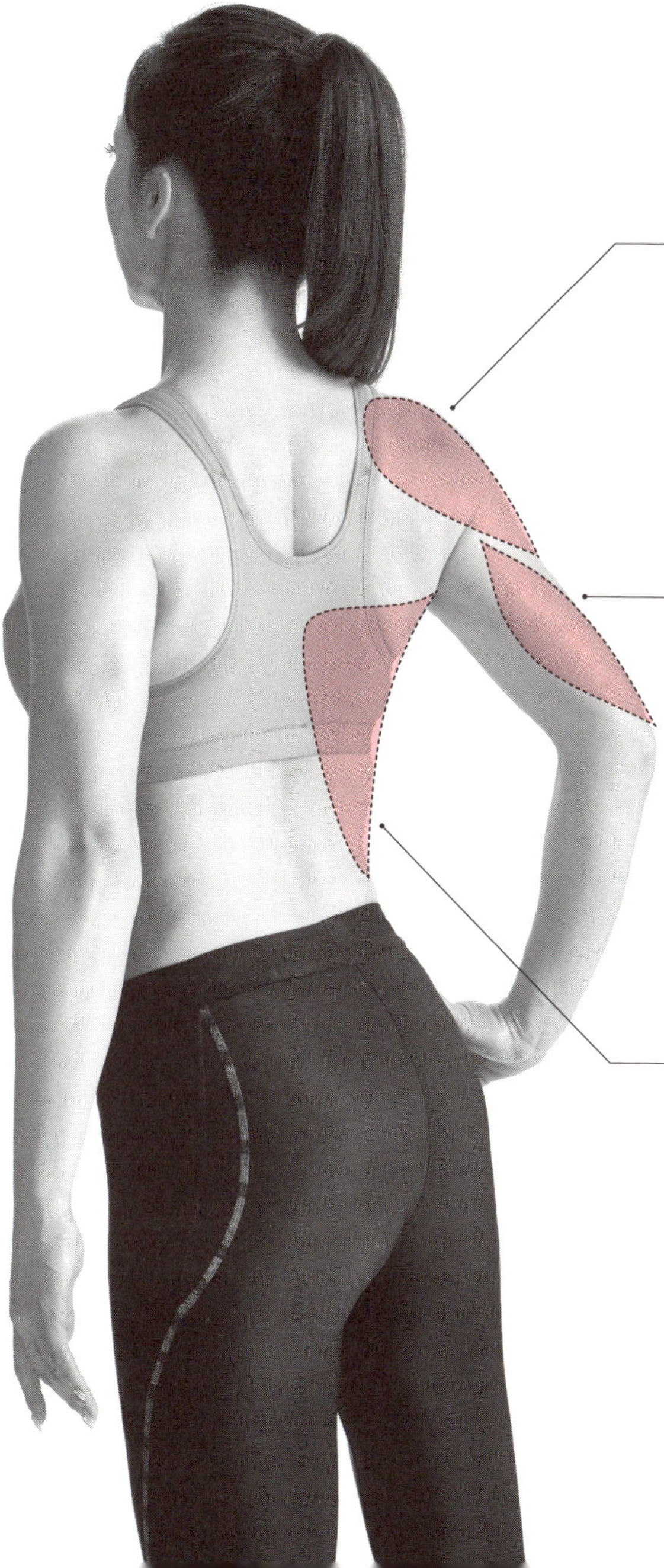

肩の裏側

リアデルト
（三角筋後部）

二の腕全体の
脂肪を引き上げる

二の腕の
後ろ側

トライセプス
（上腕三頭筋）

たるたるの
「振りそで肉」を撃退

背中

ラット
（大円筋、広背筋）

脇肉のたるみを解消

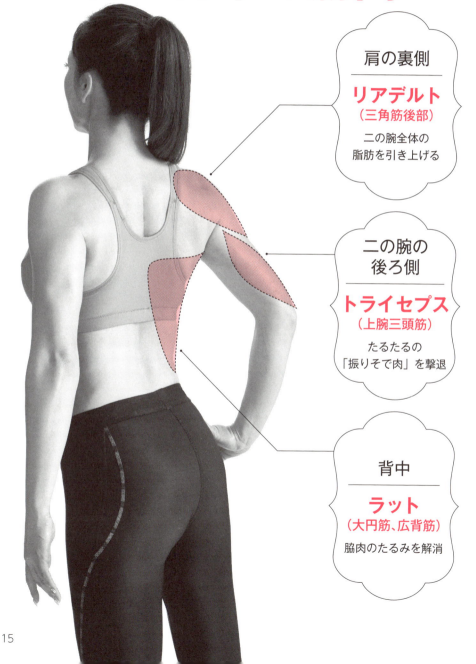

1ヵ月でみるみる変わる!

二の腕ワークアウト

つに分けられます。
二の腕を鍛えるワークアウトというと、ダンベルを持ってひじの曲げ伸ばしを行うダンベルカールが有名ですが、この方法で刺激できるのは上腕二頭筋ですので、刺激したところで上腕のたるみは解消できません。「二の腕のトレーニングをしても、たくましくなるだけで脂肪が落ちない」と悩んでいる女性は、間違ったワークアウトや日常生活で、この上腕二頭筋だけを鍛えてしまっている可能性があります。
二の腕のたるみ解消には、その裏側にあるトライセプスを集中的に鍛えましょう。そうすれば腕を下ろしても贅肉がはみ出ない、引き締まった二の腕がつくれます。

美腕メイクは全身のキレイにつながる

女性らしいしなやかなラインを保ちつつ、二の腕を引き締めるためには、背中、肩の背中側、二の腕の後ろ側の3つの部分の筋肉をバランスをよくする必要があることは、美容に敏感な欧米の女性たちの間では周知の事実です。

二の腕が美しく生まれ変わるだけで、肩や二の腕が出る洋服の着こなしが見違えるほか、対比で顔が小さく見えるといううれしい効果も。また、ラットが鍛えられると背中に美しいS字ラインが生まれ、ウエストまで断然細く見えるのです。

二の腕メイクに関係する3つの部分の筋肉は、おしりの筋肉などと比べて体積が小さいため、少しの刺激でも比較的早く発達します。1～2ヵ月も経てば、目に見えて効果がわかるでしょう。そのことがモチベーションとなり、あなたの「美に対するプライド」はどんどん高まっていくはずです。

たとえば、おしゃれなソファをひとつ購入しただけで、部屋をこまめに掃除したくなったり、ほかのインテリアまで見直してみたりするでしょう？ワークアウトもこれとまったく同じ。努力して二の腕が美しく生まれ変われば、それが大きな自信となり、全身のボディメイクや食生活、ファッション、メイクの見直しなど、自分磨きに対するモチベーションがどんどんかきたてられます。

「私はこれまで何度もダイエットに失敗してきたから、今回も無理だ」なんて、弱気な気持ちは今すぐに捨ててください。自分に自信とプライドを持つことが、キレイになるための第一歩なのですから。

ワークアウトの効果を引き出す

3つのポイント

美しい二の腕を手に入れるために、もっとも大切なのは
「正しい姿勢でワークアウトを行う」こと。
ワークアウト中はこれからご紹介する3点を常に意識して。

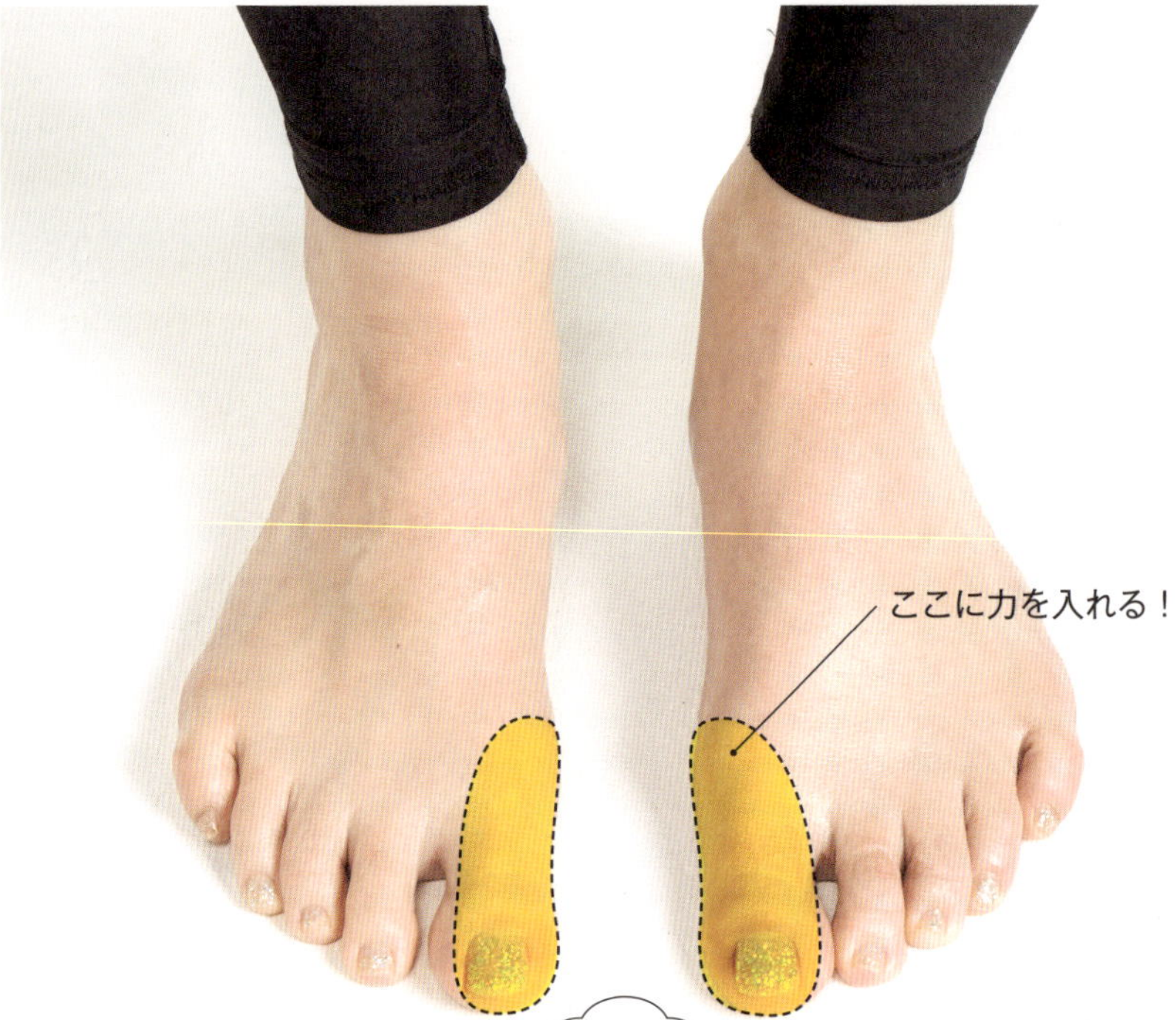

point
1

重心は「つま先の内側」に

日本人の8割は生まれつき「かかと重心」だといわれていますが、ワークアウト中は常に「つま先の内側」に重心を置くということを意識してください。こうすることで力を入れなくても膝がまっすぐに伸び、下半身に余計な負担がかかりません。

逆に、かかと重心で膝を曲げた体勢は膝関節に大きな負担をかけます。また足首や膝上の筋肉を刺激するため、がっちりとたくましい下半身をつくってしまいます。

point
2

肩を広げて「胸を張る」

肩は体の
中心より
後ろへ
ななめ上方向
へ引っ張られ
るイメージで

次に重要なのが、胸を張って肩を広く保つこと。ななめ上方向から胸の真ん中を糸で引っ張られているイメージを持つとよいでしょう。日本人に多い、首が前に出た猫背の姿勢は、背中の真ん中あたりから肩と首にかけて広がっている大きな筋肉「僧帽筋」が伸びきった状態です。このままワークアウトを行うと、二の腕の引き締めに必要な筋肉ではなく僧帽筋を鍛えてしまい、なで肩になったり、肩のラインがゴツゴツといかつくなったりしてしまいます。

特に普段から猫背の人は、横から見た時に「肩が体の中心よりも後ろにある」ように意識してください。

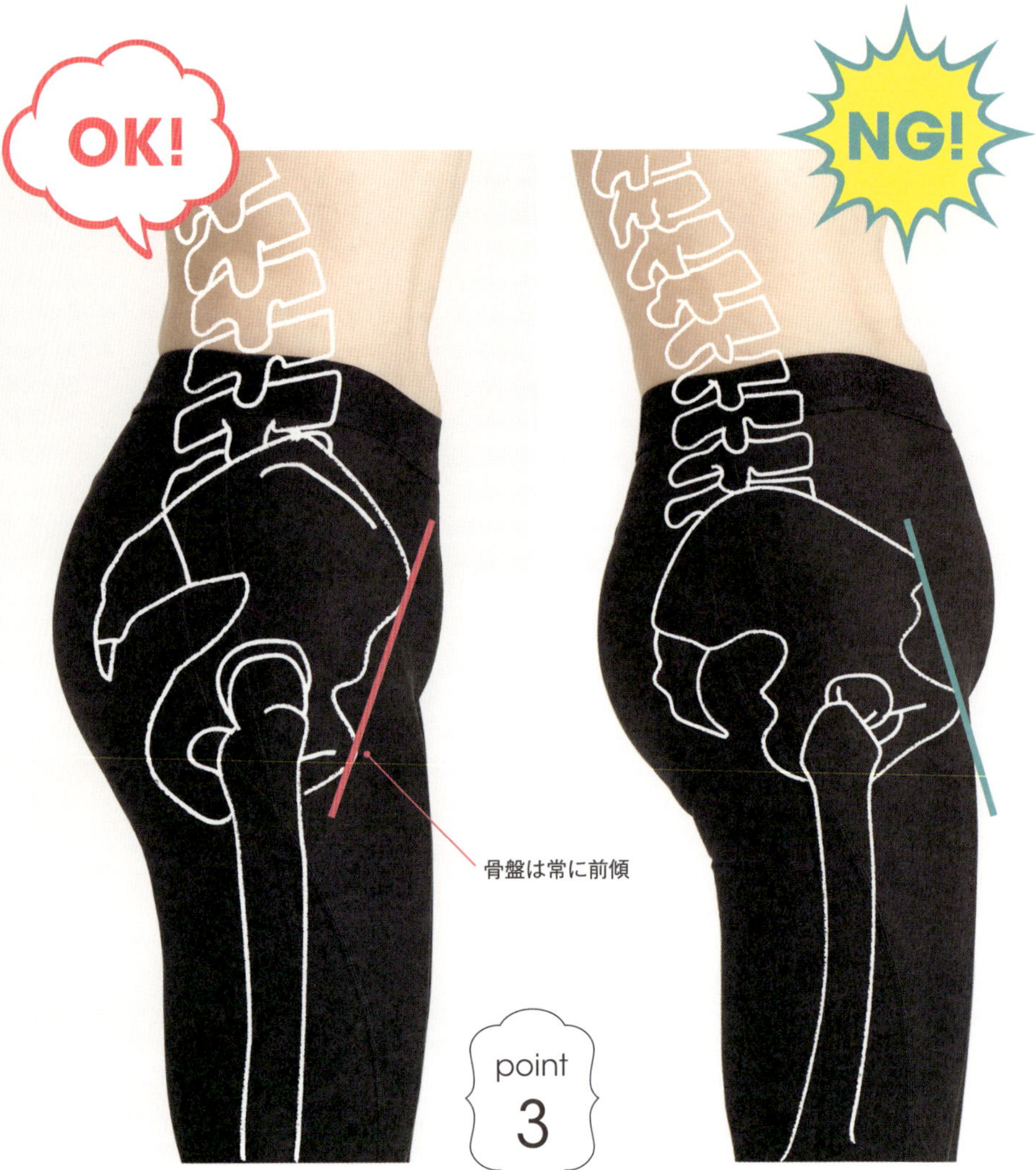

point
3

骨盤は「前傾」させる

二の腕の引き締めと一見無関係のように見える骨盤の位置。実は骨盤と胸の動きは連動していて、骨盤が前に傾くと胸は開き、反対に後ろに倒れると胸が閉じやすくなります。

そのため、猫背にならないように骨盤は常に前傾させることを心がけてください。時々「骨盤を前傾させると反り腰になって腰を痛めてしまうのでは？」と心配する人がいますが、それはかかと重心で行った場合です。

つま先重心できちんと胸を開いて骨盤を前傾させれば、おしりの上部〜外側にある中殿筋も刺激できるので、むしろ腰痛の解消にもつながります。

効果を引き出すなら

これが正解!

正解
1

美しい姿勢とフォームが美しい体型をつくる

ワークアウト中は、体の中心に一本の軸が通った「見た目に美しい姿勢」を心がけてください。「美しい姿勢で刺激される筋肉＝美しい体型に必要な筋肉」です。プロのアスリートのように、いつカメラで高速連写されても困らないくらい、常に意識してください。

また、フォームは狙った筋肉を正しく鍛えるためのガイドラインです。正しいフォームでワークアウトをすることによって、はじめて効果が出ますので、慣れるまでは鏡に映すなどして確認するといいでしょう。

正解
2

長時間のワークアウトは逆効果

筋肉には、瞬発力をつかさどる太い筋肉「速筋」と持久力に優れた細い筋肉「遅筋」があります。たるんでいた脂肪を引き上げ、やせ体質になるためには、太くてエネルギー代謝のよい「速筋」を鍛える必要がありますが、この筋肉は短時間に強い刺激を与えた時にしか発達しません。

そのため、長時間のワークアウトは意味を持たないのです。特にはじめた当初は、これから紹介するワークアウトが物足りないと思う時もあるかもしれませんが、規定時間内にとどめましょう。

効果を引き出すなら

これが正解!

正解 3

ウエイトトレーニングは週1回でも効果が出る!

ウエイトトレーニングの負荷によって損傷した筋肉は、24 ～ 48 時間かけて回復します。筋肉は損傷と回復を繰り返して成長していくため、この間にワークアウトを行うと修復が追いつかず、かえってしぼんでしまいます。

そのため、高頻度のワークアウトはＮＧ。適切に行えば週１回からでも十分効果が出ますので、初心者は特に記載の頻度を守りましょう。なお、これからご紹介する１週目のワークアウトは狙った筋肉を動かす神経を発達させるためのものなので、週５回まで行っても大丈夫です。

正解 4

最大限の力で、よりスピーディに行う

速筋は短時間に強い刺激を受けることで発達するため、もう無理！と感じる限界まで、ターゲットとなる筋肉に力を入れてください。

また筋肉を収縮させるスピードも重要です。これは物理の法則で考えた場合、500gのダンベルも倍の速度で動かすだけで、その４倍にあたる２kg 分の負荷をかけることができるため。１セット目はフォームの確認、２セット目は狙うべき筋肉を意識しながら少し早く、３セット目は限界の力を込めてハイスピードで行うのが理想です。

効果を引き出すなら

これが正解!

正解 5

起きた直後と寝る直前は避ける

ウエイトトレーニングは血圧を上昇させ、脳を興奮させる作用があるため、起床後3時間以上経ってから行うのがいいでしょう。また夜に行う人は、安眠の妨げにならないように、就寝時間の2時間前までにすませるのがおすすめです。

食後すぐの運動は消化不良を招く恐れがあり、パフォーマンスも低下しますので、最低1時間は避けてください。「ワークアウトをする日は大体○時頃に行う」というふうに自分なりのサイクルを作れば、体のリズムも整い、効果をより早く感じられるでしょう。

基本姿勢をおさらい！

どのワークアウトも、まずはこの基本姿勢からはじまります。胸・骨盤・つま先の3点の位置が正しいかチェックして。

front
肩を広げて胸を張る
背筋を伸ばして
骨盤ごと前に倒す
重心はつま先の
内側にかける

side

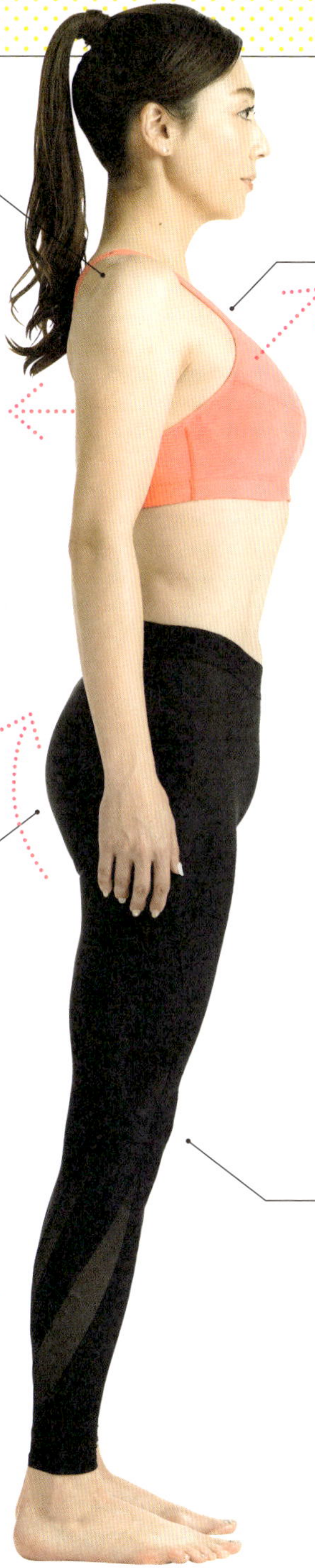
肩は体の中心
よりも後ろ。
力は抜く
ななめ上から
胸の真ん中を
糸で引っ張られて
いるイメージ
おしりをツンと
上げると
骨盤が前傾
膝はまっすぐに
伸ばす

いよいよ
二の腕
ワークアウトが
スタート！

二の腕ワークアウト

1カ月プログラム

基本姿勢を学んだら、いよいよワークアウトをはじめましょう！
1週目はターゲットとなる3つの部分の筋肉を使う練習からスタート。
その後は1部位ずつアプローチし、5週目からは希望コースを選びます。

1week ×週3～5回

1週目（28ページ）
ポイントとなる筋肉を目覚めさせる

頭引っ張り
エクササイズ

左右引っ張り
エクササイズ

腕上げ
エクササイズ

2week ×週2回

2週目（30ページ）
背中にある「ラット」にアプローチ

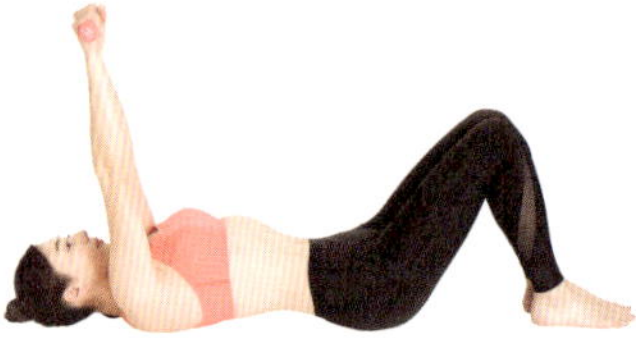

ダンベルエクササイズ

腕上げ
エクササイズ

3week ×週2回

リアデルト

左右引っ張り
エクササイズ

3週目（32ページ）

肩の裏側にある「リアデルト」を刺激

4week ×週2回

トライセプス
キックバック

頭引っ張り
エクササイズ

4週目（34ページ）

二の腕の後ろ側の「トライセプス」を意識

5week ×週2～3回

希望に合ったコースを選択

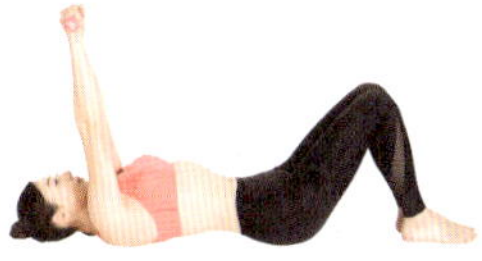

5週目（36ページ）

総仕上げで**メリハリ二の腕**が完成！

PART 1 | workout

1週目

ポイントとなる筋肉を目覚めさせる

×週3〜5回

ワークアウトで一番大切なのは、狙った筋肉にしっかり負荷をかけること。まずはこれから鍛える3つの部分の筋肉「ラット」「リアデルト」「トライセプス」を使う練習からはじめましょう。これだけでも神経が発達し、引き締め効果があります。

背中の筋肉「ラット」を刺激する

① 腕上げエクササイズ

基本姿勢（24ページ参照）で立ったら、細長く折りたたんだタオルを両手でつかみます。両手の間隔はこぶし1個分になるように。ひじは外側に向けて、軽く曲げます。足はできるだけ閉じます。

ポイント
ひじをしっかり外側に向ける
こぶし1個分でせまく持つ!

ここに力を入れる
front

side

両手を45度の高さまで上げ、タオルを横方向に強く引っ張り合います。肩を後ろに引いて胸をしっかり張り、息をとめたまま10秒キープしたら力をゆるめて。引っ張り合う→ゆるめるという動作を1セットとして計3セット行います。

3 set

肩の裏側「リアデルト」を刺激する

❷ 左右引っ張りエクササイズ

基本姿勢で立ったら腕上げエクササイズの手元を参考にタオルをつかみます。ただし両手の間隔は肩幅くらいまで広げて。

ポイント

糸で引っ張られているイメージで胸を張る

肩の高さまで両腕を上げ、タオルがたるまないよう横に強く引っ張り合います。ひじは外側に向け軽く曲げて、息をとめたまま 10 秒キープ。引っ張り合う→ゆるめるを１セットとして、計３セット行いましょう。

二の腕の後ろ側「トライセプス」を刺激する

❸ 頭引っ張りエクササイズ

椅子に浅く腰掛け、背中を伸ばしたまま軽くもたれかかります。後頭部にタオルを引っかけ、手のひらを前に向けてつかみます。

首を痛めないように注意しながら、頭と両手でタオルを引っ張り合います。ひじは高く上げて開き、両手はななめ上に突き出すイメージで。息をとめたまま 10 秒キープ→ゆるめる動作を１セットとして、３セット行います。

ポイント

ひじは高く上げてななめ上に開く

2週目

背中にある「ラット」にアプローチ

× 週2回

背中から脇の下につながる「ラット」を鍛えるワークアウトを行います。日常生活では使われにくい場所ですが、ここが発達すると脇肉のたるみが一気に解消します。

種目❶

「ラット」を刺激する
腕上げエクササイズ(28ページ)

まずは、1週目で行った「腕上げエクササイズ」を行いましょう。肩を後ろに引いて、胸を大きく開くのがポイント。

3 set

種目❷

ラットエクササイズ

[用意するもの]

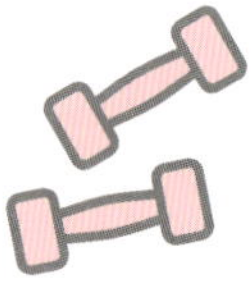

500gのダンベル2本

もしくは

500mlのペットボトルを2本

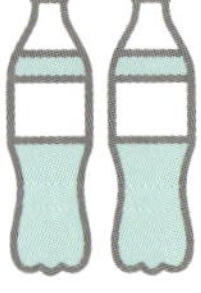

1

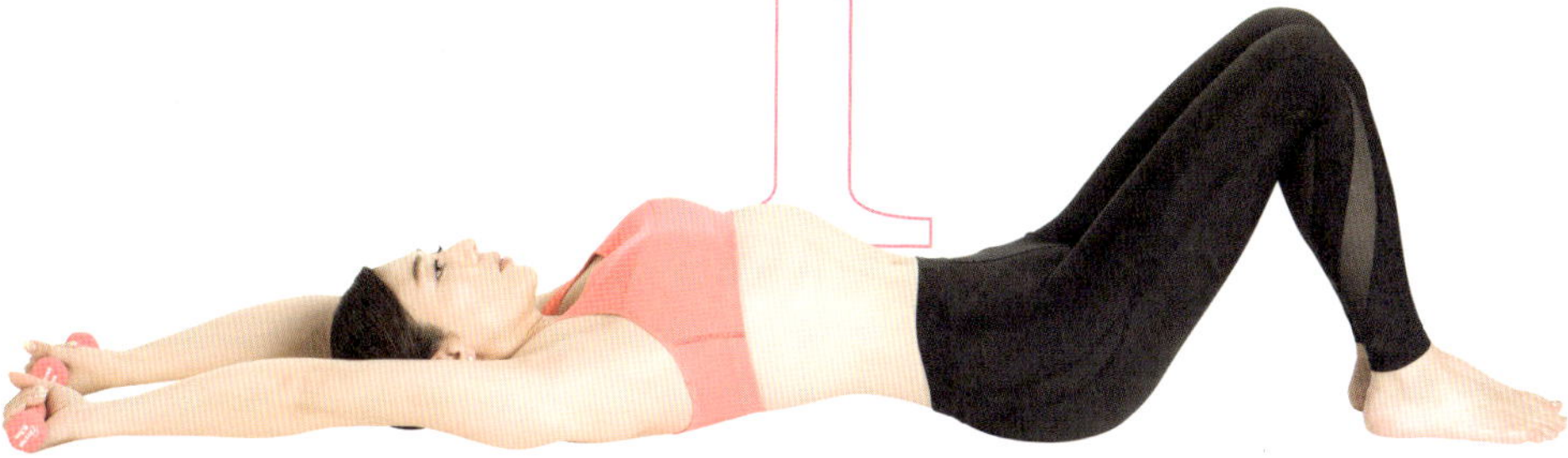

500ｇのダンベルか、500ml のペットボトルを両手に持ち、膝を立てて仰向けになります。両手は頭の方向に伸ばしてそろえます。

2

ポイント
ひじの角度を変えずに、
腕全体を上下させる

１の両手を保ったまま、45 度～直角の少し手前（初心者は 45 度がおすすめ）まで両腕を持ち上げ、戻します。持ち上げる時に息をふーっと吐いて。両腕の上げ下ろし 20 回を１セットとして、３セット繰り返します。

3
set

3週目

肩の裏側にある「リアデルト」を刺激

×週2回

肩の背中側にある「リアデルト」が目覚めれば、二の腕全体がぐっと引き上がり、メリハリのあるシルエットが完成します。

種目❶

「リアデルト」を刺激する
左右引っ張り
エクササイズ
(29ページ)

3 set

最初に「左右引っ張りエクササイズ」を行って、肩の裏側の筋肉を目覚めさせましょう。ひじはしっかり外側に向けて。

種目❷

リアデルト

1

ポイント
しっかり胸を張る
おしりを突き出して
骨盤を前傾させる

500gのダンベルか、500mlのペットボトルを右手に持って基本姿勢で立ちます。左足を大きく1歩踏み出してひざを軽く曲げ、上半身を骨盤から倒します。左手は左太ももに軽く添え、右腕は肩の真下に下ろします。

ポイント

腕を上げた時に、
さらに胸を突き出す

ふーっと息を吐きながら腕を真横に上げ、戻します。高さは上がるところまででOK。この動きを20回×3セット繰り返したら、手と足を入れ替えて左手でも同様に行います。

両腕各

3
set

4週目

二の腕の後ろ側の「トライセプス」を意識

×週2回

力こぶのちょうど後ろ側に位置する「トライセプス」は、目立たないため見落としがち。しかしここを刺激すれば腕を下ろしても贅肉が外側にはみ出ない、すっきりシルエットが手に入ります。

種目❶

「トライセプス」を刺激する

頭引っ張りエクササイズ

(29ページ)

3 set

はじめに「頭引っ張りエクササイズ」を行います。力を入れる際にひじは高く上げて、ななめ上に開くイメージで。

種目❷

トライセプスキックバック

1

ポイント

ひじを肩と同じ高さまで上げる

500ｇのダンベルか500mlのペットボトルを右手に持ち、基本姿勢で立ちます。左足を大きく１歩踏み出してひざを軽く曲げ、骨盤から上半身を倒したら、右ひじをななめ後ろに引きます。左手は左太ももの上に軽く添えて。

１の姿勢を保ったまま腕だけをまっすぐに伸ばし、再び戻します。この動きを 20 回×３セット。手と足を入れ替えて左手でも同様に行います。

ポイント

猫背にならないように、しっかり胸を突き出す

5週目〜 総仕上げでメリハリ二の腕が完成！

5週目以降は、希望に合ったワークアウトを選んで行います。これを終えた頃には、鏡を見て効果がはっきりと実感できるはず！

A 1回を短時間ですませたい

効果度 ★

- 月 リアデルト（32ページ）
- 水 トライセプス（34ページ）
- 金 ラット（30ページ）

B 週2回で手軽にとどめたい

効果度 ★★

- 月 リアデルト（32ページ）＆トライセプス（34ページ）
- 金 ラット（30ページ）＆トライセプス（34ページ）

C 週2回でもしっかり体を動かしたい

効果度 ★★★

- 月 ラット（30ページ）＆リアデルト（32ページ）＆トライセプス（34ページ）
- 金 ラット（30ページ）＆リアデルト（32ページ）＆トライセプス（34ページ）

D できるだけ多くワークアウトを行いたい

効果度 ★★★

- 月 ラット（30ページ）＆リアデルト（32ページ）
- 水 リアデルト（32ページ）＆トライセプス（34ページ）
- 金 ラット（30ページ）＆トライセプス（34ページ）

PART

2

ketogenic diet

魅せる二の腕を作る
ケトジェニック
ダイエット

魅せる二の腕を作る

ケトジェニックダイエット

糖質をオフするだけで体が見違える！

二の腕への効果をもっと感じたい人や一刻も早く結果を出したい人は、「ケトジェニック（ケトン体）ダイエット」を取り入れるのがおすすめです。これは糖質を制限することによって、ブドウ糖に代わるエネルギー源「ケトン体」をつくり出す食事法で、健康的に体脂肪を落とすのに大変有効です。

ケトジェニックダイエットのルールは、まずは2週間、糖質の摂取量を1日20g、かつ1食5g程度に抑えること。これさえ守れば、肉も魚もお腹いっぱい食べても構いません。厳しいカロリー制限が必要な低脂肪ダイエットのように、いつも空腹に悩まされることもなく、着実に結果を出すことができます。

このケトジェニックダイエットには健康的にやせられるほか、筋肉が育って基礎代謝が上がる、疲れにくくなる、集中力が増す、過度な食欲やイライラが解消するなどさまざまな効果があります。また近年では、医学の分野でも「健康長寿をもたらしてくれる物質」としてケトン体に注目が集まっており、2型糖尿病、メタボリックシンドローム、心臓病、がん、うつや認知症の治療にもケトジェニックが取り入れられています。

あなたはどっちを選ぶ？

低脂肪ダイエットとケトジェニックダイエット

ケトジェニックダイエット	低脂肪ダイエット
食べられるものが多いので外食もOK	肉・魚・チーズなど脂質が食べられない
健康的に体脂肪を落とせる	いつもお腹が空いている
基礎代謝が上がってやせやすい体質に	やせにくい体質になる
肌や髪の調子が整う	肌が荒れ、髪はパサパサ
感覚が鋭敏になり集中力が高まる	胸からやせる
疲れにくくなる	便秘になる
メタボや糖尿病、心臓病等のリスクが減る	やめるとすぐにリバウンドする
うつなどのメンタル改善	

魅せる二の腕を作る

ケトジェニックダイエット

米やパンは砂糖と同じ！

私たちが食事からとる栄養素にはさまざまなものがありますが、エネルギー源となるのは「脂質」と「タンパク質」、そして「炭水化物（糖質）」の3つです。

米やパン、麺類などの炭水化物を食べると、砂糖と同様に体内でブドウ糖に分解され、血糖値が上昇します。血液中に増えたブドウ糖は、すい臓から分泌されたインスリンによって全身の細胞に送り込まれ、受け取った細胞はそのブドウ糖をもとにエネルギーをつくり出します。

ここで使い切れずに余ったブドウ糖は、肝臓にため込まれますが、蓄積する量にも使う量にも限界があります。そのため、再び余ってしまったブドウ糖は脂肪細胞に中性脂肪としてため込まれることとなり、結果太ってしまうのです。

一方、肉や魚などのタンパク質は、体内に入ると分解されてアミノ酸になりますが、このアミノ酸は血糖値を上げません。炭水化物を制限し、タンパク質中心の食事を続けると、まず肝臓にため込まれた予備のブドウ糖が使われます。これを使い切った時、肝臓ではブドウ糖に代わるエネルギー源として、「ケトン体」がつくられます。ケトン体はブドウ糖と同じくエネルギー源となり、私

どうしてケトジェニックでやせるのか

タンパク質

アミノ酸に分解

脂質

脂肪酸に分解

インスリンの分泌がない
（血糖値の乱高下がない）

肝臓のブドウ糖を消費

ブドウ糖からできるグリセロールがつくられないので脂肪酸が中性脂肪にならない
（脂肪酸＋グリセロール＝中性脂肪）

脂肪酸からケトン体が生成
アミノ酸は皮膚、髪の毛などの材料になる

ケトン体からエネルギーがつくられる

エネルギーが余っても脂肪細胞に貯蔵されない

炭水化物（糖質）

ブドウ糖に分解

血糖値が上昇

インスリンが急激に分泌

予備のブドウ糖
（グリコーゲンとして肝臓に貯蔵）

中性脂肪
（脂肪細胞に貯蔵）

皮下脂肪として長期貯蔵される

たちの筋肉や内臓、脳を働かせてくれます。

これまで長らく、私たちの脳を動かすエネルギー源は、ブドウ糖ただひとつだと考えられてきました。しかし研究が進むうちに、ケトン体という新たな選択があることがわかってきたのです。

「ケトン体」が脂肪を減らすカギ

エネルギー源をブドウ糖だけに頼っている場合、血液中や肝臓にため込まれたブドウ糖を使い切ってしまうと、たちまち燃料切れになってしまいます。すると無性に何か食べたくなったり、体がだるくなったり、集中力が低下するといった症状におそわれます。これらは血糖値が下がりすぎたことが原因です。もしあなたがマラソンをしていたならば、たちまち「ガス欠」で足が止まってしまうはず。こう考えると、普段の私たちの生活が、いかに血糖値に振り回されているかがわかります。

一方、ケトン体をエネルギー源とすれば、血糖値は乱高下することなく安定します。よって食欲に振り回されたり、集中力が低下したりすることもありません。加えてケトン体は脂肪細胞からも分解されてつくられるため、自然と体脂肪が減少します。もちろん二の腕やせにも効果的です。

また、ケトン体はエネルギー効率がいいため、長時間走っても燃料不足になるようなことはありません。普段からケトジェニックを実践するある部族は、足場の悪い山道をサンダルで1日200km以上移動できるそうです。

超一流アスリートの中にも、「ケトジェニックを実践してから体が引き締まり、動きが格段によくなった」という人が年々増えています。あるスポーツ番組では、サッカー日本代表の長友佑都選手が「ケトン体回路にしたい」と発言したことが話題になりました。スポーツの現場でも、パフォーマンス向上を目的にケトジェニックが注目を集めています。

魅せる二の腕を作る

ケトジェニックダイエット

肉を食べてもやせられます！

現在は普通の食事をしているあなたも、糖質を制限するだけで、すぐに「ケトン体回路」のスイッチを入れることができます。

まず**「肉」と「魚」は積極的にとってください**。低脂肪ダイエットでは御法《ごはっ》度《と》の焼き肉もOK！　カルビ、豚トロ、牛タンなど何でも食べられます。牛肉、豚肉、鶏肉をまんべんなく食べるとビタミンB群がバランスよくとれ、栄養素の吸収率が高まります。ただ、たまねぎがたっぷり入ったステーキソースやタレなどは、糖質がかなり含まれていますので注意してください。

また肉だけでなくさらに魚もメニューに取り入れれば、コレステロール値が上がり元気になります。コレステロールは神経伝達やホルモンの生成に重要な役割を果たしているため、集中力が必要とされる二の腕ワークアウト中にも欠かせない物質です。一般的には悪者とされていますが、それは間違った常識ですので、効果を出すために積極的に摂取しましょう。また、動物性タンパク質とコレステロールがバランスよく含まれている貝類も、筋肉の発達を助けてくれます。

炭水化物の少ないおすすめ食材

魚、貝類

刺身、焼き魚、カルパッチョ、アヒージョなど。ツナも安心して食べられます。

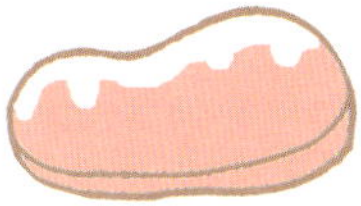

肉

牛肉、豚肉、鶏肉なんでもOK。焼き鳥はタレよりも塩を選んで。

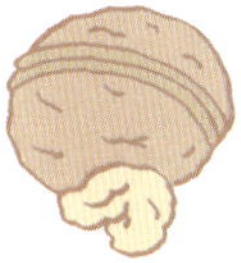

くるみ

低糖質で、中性脂肪などを減らすオメガ3脂肪酸を多く含む優秀食材。

アボカド

果物の中で最も低糖質。ビタミンやミネラルが豊富で、美容や健康効果も絶大。

葉物野菜、きのこ

レタス、キャベツ、白菜、ほうれんそう、春菊、水菜など。きのこは便秘解消にも一役。

ココナッツオイル

ケトン体の原料となる中鎖脂肪酸が豊富なので、積極的に取り入れましょう。

大豆製品

豆腐、油揚げ、納豆、豆乳、おからなどが低糖質。

卵

低糖質かつ栄養価が高い完全栄養食品。さまざまな調理法を楽しんで。

コーヒー、水、お茶、糖質ゼロのお酒

ケトジェニック中は糖質が含まれていない飲み物を選びましょう。

バター、チーズ、生クリーム

生クリームはかならず無糖のものを使用します。

マヨネーズ、塩、しょうゆ、酢

マヨネーズは低脂肪タイプではなくレギュラータイプを選ぶこと。

魅せる二の腕を作る

ケトジェニックダイエット

「アボカド」は最高のお助け食材

サラダの具材にはレタスやキャベツなど、軽めの葉物野菜を選びましょう。美容効果が高いと女性がよく好んで食べるトマトは、食べすぎなければOK。しかし糖度が高くなるように品種改良されているプチトマトやフルーツトマトは避けてください。マヨネーズもかけて問題ありません。しかし、レギュラータイプ以外のコレステロールフリーや低脂肪タイプは、油を減らした分、かなり糖類を加えているので避けましょう。ドレッシングにも糖質がたっぷり入っていますので、オリーブオイルや塩に替えたり、ツナをのせるなどして工夫するとおいしく食べられます。

果物には果糖がたっぷり含まれているため、基本的には避けるべき食材ですが、「アボカド」だけは別です。アボカドの糖質は0・9g（左の表参照）と非常に少なく、安心して食べられます。

「森のバター」「食べる美容液」とも呼ばれるアボカドには、ビタミンEを筆頭としたビタミン類や、カリウム・マグネシウムなどのミネラル類、食物繊維も豊富に含まれていますので、ダイエットや美肌、便秘解消など美容・健康効果も期待できます。二の腕の肌荒れが気になる人にもおすすめの食材です。

アボカドはケトジェニックの強い味方!

別名「森のバター」
低糖質でビタミン・ミネラルも豊富!

主な栄養成分

エネルギー	187.0kcal	ナイアシン	2.0mg
糖質	0.9g	ビタミンB_6	0.32mg
炭水化物	6.2g	葉酸	84.0 μg
カリウム	720.0mg	ビタミンC	15.0mg
カロテン	68 μg	一価不飽和脂肪酸	10.82g
ビタミンB_1	0.1mg	多価不飽和脂肪酸	2.16g
ビタミンB_2	0.21mg	食物繊維	5.3g

魅せる二の腕を作る

ケトジェニックダイエット

ナッツなら「くるみ」がおすすめ

最近では美容効果を狙って、ナッツをおやつにする女性が増えていますが、なかには高糖質のものもありますので注意してください。特にカシューナッツ、ピスタチオ、アーモンドなどは糖質が多いので避けたほうが無難です。

もしもナッツを食べたい時は「くるみ」を選びましょう。くるみはカロリーが674kcalと高めですが、糖質は4・2gと非常に少ないのです。くるみのカロリーのほとんどは脂質によるものですが、中性脂肪を減らす働きのあるオメガ3脂肪酸ですので、適量ならば太る心配もありません。

また、くるみには免疫力を高め、糖質の代謝を助けてくれるビタミンB_1が豊富に含まれています。ビタミンB_1は豚肉やレバー、卵に多く含まれているため、これらを食べていれば十分に摂取できていますが、くるみの「調理をせずに気軽に食べられる」点は魅力です。とはいえ、ナッツはつい食べすぎてしまいがちですので、「ながら食べ」には注意です。

また、日本ではまだ手に入りにくいですが、ブラジルナッツも低糖質です。

ナッツ類・種実類の糖質相当量一覧

銀杏	33.2g
ピーカン（ペカン）ナッツ	6.2g
アーモンド	9.7g
栗	30.1g
くるみ	4.2g
ヘーゼルナッツ	6.5g
カシューナッツ	20.0g
ブラジルナッツ	2.4g
マカダミアナッツ	6.0g
ピスタチオ	11.7g

魅せる二の腕を作る

ケトジェニックダイエット

「卵」も「チーズ」もたっぷり食べて

「卵」は糖質が0・3gと大変少なく、ケトジェニックにうってつけの食材です。カルシウム、マグネシウム、リン、亜鉛、鉄、ビタミン類、葉酸などの栄養素に加え、人間が生きていくのに必要な必須アミノ酸もバランスよく含まれているので、美容や健康にも役立ちます。また、さまざまな調理法が楽しめるので、飽きずに食べられるのも魅力です。

「生クリーム」も、ケトジェニックダイエットではOK食材に入ります。ただし砂糖が入っていないものを選んでください。スターバックス コーヒーのホイップは無糖ですので、トッピングにどうぞ。なお、牛乳には乳糖という炭水化物が多く含まれているため、おすすめしません。

低脂肪ダイエットでは食べられない「バター」と「チーズ」もたっぷり食べられます。特にチーズは可食部100g中糖質が0・9~2・3g（左ページ参照）と非常に低く、どのコンビニにも置いてあるので、気軽に取り入れられるでしょう。味が濃く、満足感もかなりあります。

チーズの糖質 相当量一覧

カマンベール
0.9g

ブルー
1.0g

プロセス
1.3g

ゴーダ
1.4g

チェダー
1.4g

エダム
1.4g

エメンタール
1.6g

パルメザン
1.9g

カテージ
1.9g

クリーム
2.3g

モッツァレラ、マスカルポーネ、
リコッタは高糖質なので例外！

卵料理 いろいろ

ゆで卵

スクランブルエッグ

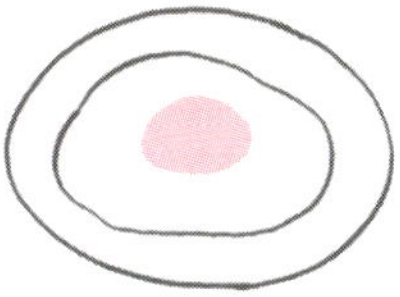

目玉焼き

オムレツ

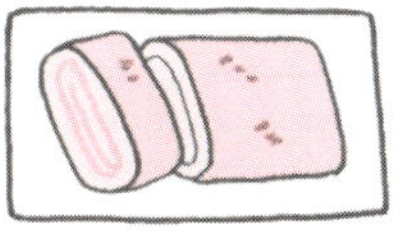

だし巻き卵

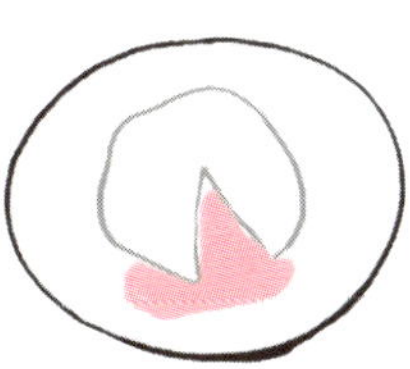

ポーチドエッグ

茶わん蒸し

魅せる二の腕を作る

ケトジェニックダイエット

「おからパウダー」が大活躍！

大豆製品には糖質の高いものもありますが、豆腐、油揚げ、納豆、豆乳は比較的低糖質です。なかでも**「おから」は、ケトジェニックの強い味方**です。大豆から豆腐を製造する過程で、豆乳を搾った際の搾りかすであるおからは、食物繊維を多く含み、糖質量はわずか2・3g。動物性に負けないほど必須アミノ酸のバランスがよく、非常に良質なタンパク源といえるでしょう。

このおからを乾燥させ、細かな粉状に加工したものが「おからパウダー」です。このおからパウダーは小麦粉やパン粉の代わりに使えて、長期保存もできることから、ケトジェニック中には大変重宝します。一部のスーパーやネットショップで手に入りますので、取り入れてみるといいでしょう。

とはいえ、タンパク源を大豆製品のみに頼ったり、大量にとったりすることは避けましょう。ホルモンバランスが崩れる、タンパク質の吸収が悪くなるなど、体に悪影響を及ぼす可能性があります。あくまでもタンパク質は、肉や魚など動物性のものをメインにとってください。

おからパウダーのおすすめレシピ

小麦粉代わりに

おからパン、おからお好み焼き、
おからクッキー、おからパンケーキ、おからチーズタルト

肉と混ぜて

おからハンバーグ、
おからチキンナゲット

ソースや衣に使う

チキングラタン、
白身魚のフリッター

魅せる二の腕を作る

ケトジェニックダイエット

「ココナッツオイル」はケトン体の原料

ケトジェニックに取り入れたい食材のひとつに、「ココナッツオイル」があります。ケトン体は、オリーブオイルなどの油に含まれる長鎖脂肪酸からもつくられますが、ココナッツオイルに含まれる中鎖脂肪酸からは、長鎖脂肪酸の10倍以上のケトン体をつくることができます。中鎖脂肪酸は熱にとても強いため、調理に使えるのも魅力です。

また、ココナッツオイルは消化・分解されやすく、体内にたまりにくいのも特徴です。消化を助けてくれる働きもあるので、胃腸の調子が悪い時にもとることができます。食欲を抑えたり、糖質に対する欲求を低下させたりする作用があることや、認知症の予防、改善に効果があることもわかっています。

飲み物に関しては、砂糖が入っていないものなら水、お茶、コーヒーなど何を飲んでも大丈夫。お酒も糖質ゼロビール、焼酎、ウイスキー、ブランデー、ウオッカなどの蒸留酒は糖質を含みません。ワインは糖質を少し含みますが、適量ならばOK。とはいえ、ケトン体は肝臓でつくられるため、アルコールを分解している間はケトン体がつくられません。おいしく飲める量にとどめておくのがよいでしょう。

ココナッツオイルの上手な使い方

おからパンにのせる

バターと一緒にココナッツオイルをまんべんなくかけましょう。

コーヒーに入れる

食事の３～４時間前に飲めば食欲を抑える効果も。

炒め物のオイルに

風味が気になる人は無臭のものを選びましょう。

ドレッシングをつくる

ココナッツオイル大さじ１、酢小さじ１、塩・コショウ各少々で完成。

＋おからパウダーでお菓子に

ケーキやクッキーなど、砂糖なしでも風味豊か！

スープの仕上げに

きのこも入れれば旨みが出てだしいらず！

魅せる二の腕を作る

ケトジェニックダイエット

高糖質のものはＮＧ食材

米、パン、麺類などの主食は炭水化物ですので、ケトジェニック中は避けましょう。ほかの麺類に比べて低カロリーのそばやうどんも糖質のかたまりです。ヘルシーなイメージが強い野菜ですが、じゃがいも、にんじん、さつまいも、れんこん、ごぼうなどの根菜類は糖質が多いため、注意が必要です。またバナナ、りんご、パイナップル、ぶどうなどの果物には、果糖という糖が豊富に含まれていますので、ケトジェニック中はおすすめできません。特にバナナは約21gもの糖質が含まれています。フルーツジュースやスムージーも、果物と同じと考えてください。

ビタミンなど野菜や果物に含まれるほとんどの栄養素は、肉や魚からもとれますが、気になる人はサプリメントで補うのがよいでしょう。もちろん、たしなむ程度に野菜を食べるのは問題ありませんが、「野菜は多く食べすぎると太る原因にもなる」ということを認識してください。

また、調味料ではトマトケチャップやソースに糖質が多く含まれています。ジャンクフードは言わずもがな。栄養価が低く、ほぼ糖質しか含まれていないため避けましょう。

炭水化物の多い食材

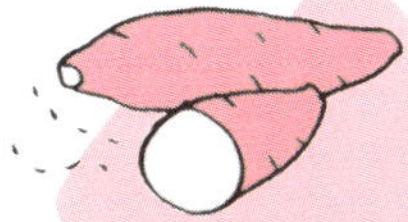

根菜類

ホクホクしていたり、甘みが強かったりするものは高糖質！

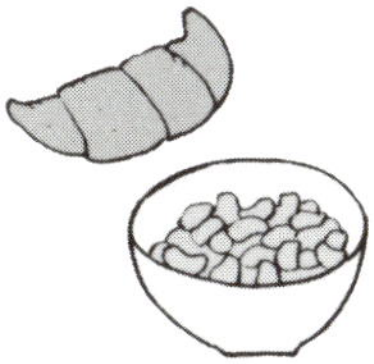

パン、コーンフレーク

小麦粉やトウモロコシでつくられた主食も×。

お米

主食であるごはんは糖質のかたまり！

お菓子

糖質は洋菓子よりも和菓子のほうが多い。

果物、フルーツジュース

どちらも果糖たっぷりなので要注意。

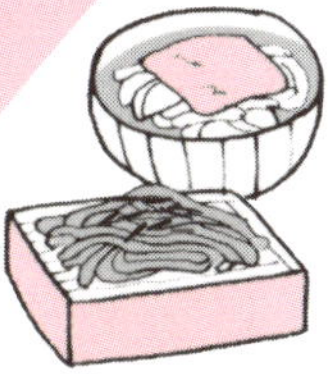

そば、うどん、パスタ、ラーメン

低カロリーでも栄養素は炭水化物がメイン。

一部の調味料

砂糖、はちみつ、みりん、ソース、トマトケチャップ、チリソースなどは高糖質。

迷ったら
68ページの
要注意食材一覧を
チェック！

「タンパク質」が筋肉をつくる

冒頭にも述べた通り、ケトジェニックダイエットはウエイトトレーニングの効果を引き出すのに最適な食事法です。同じだけワークアウトを行っていても、炭水化物ばかり食べている人とタンパク質中心にとっている人とでは、効果に驚くほど差が出ます。

なぜなら、**筋肉をつくるのに最重要の栄養素は「タンパク質」**だから。どれだけ炭水化物をはじめとする栄養素をとっていても、タンパク質が足りなければ筋肉は育ちません。それどころかタンパク質が不足すると筋肉の分解が起こり、ワークアウトをやればやるほど筋肉が減るという結果を招いてしまいます。

肉や魚といった動物性タンパク質は、たくさんとっても炭水化物のように脂肪になりにくく、主に皮膚や内臓、筋肉として構成されていきます。また、免疫力を上げる、体のむくみをなくすといった役割もあります。

また**筋肉量が増えることで基礎代謝も自然と増え、体脂肪がつきにくい体質になれます**。特に女性は20代半ばをピークにどんどん基礎代謝が落ちていくため、年齢を重ねるほどに筋肉量を増やすワークアウトや生活習慣を意識する必要があります。

適度な体脂肪は美の特効薬

カロリー制限をする低脂肪ダイエットを行うと、確かに体脂肪は落ちます。しかし、それと同時に、落としたくない胸などの脂肪まで落ちてしまう、生理不順、強い空腹感にさいなまれる、肌や髪のツヤがなくなるといった困った症状にも悩まされることに。これらはすべて脂質不足が原因です。

脂肪は女性ホルモンをはじめとする各種ホルモンの材料であるため、体脂肪が極端に減ると、見た目も体質もどんどん男性化していきます。また体をつくるための栄養素が足りず、筋肉もやせ細ってしまいます。ガリガリの二の腕では魅力も半減。女性らしい美シルエットを保つには、適度な脂肪も必要です。

脂肪の役割

- 外部の衝撃から身を守る
- 各種ホルモンの材料になる
- 体温を保つ
- エネルギーを蓄える
- 臓器を支える
- 神経や細胞膜をつくる

魅せる二の腕を作る

ケトジェニックダイエット

コレステロールには「善玉」も「悪玉」もない

糖質制限の話をすると、よく「肉ばかり食べてコレステロール値が上がりませんか？」と質問する人がいます。コレステロールは、一般的に動脈硬化などを招く「悪者」のイメージが強いですが、それはまったくの誤解です。

まずコレステロールは、食事からしか摂取できないビタミンやミネラルとは違って、肝臓を主として体内で生成することができます。肝臓でつくられた栄養成分は、血液によって体の各部へと運ばれますが、脂質であるコレステロールはそのままの形ではうまく血中を移動できないため「タンパク質のカプセル」に入れられます。これが「ＬＤＬ」や「ＨＤＬ」などです。

ＬＤＬは肝臓のコレステロールを体のすみずみまで運び、再び肝臓へと戻ってきますが、この時のコレステロールが少ない状態になった物質を「ＨＤＬ」といいます。一般的にＬＤＬに含まれるのは悪い働きをする悪玉コレステロール、ＨＤＬに含まれるのはよい働きをする善玉コレステロールと呼ばれていますが、ＬＤＬ中のコレステロールもＨＤＬ中のコレステロールも、コレステロールとしては同じ物質です。よって体内のコレステロールはただ1種類で、「よい働きをする」善玉も「悪い働きをする」悪玉もありません。

LDLとHDLの役割

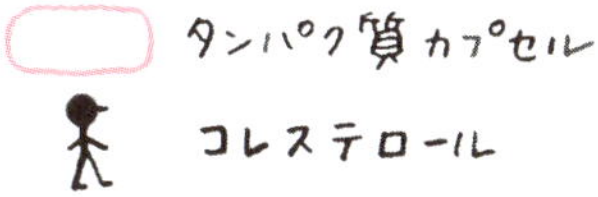

行き 血管に傷のある場合、コレステロールで血管の傷を埋めながら進む

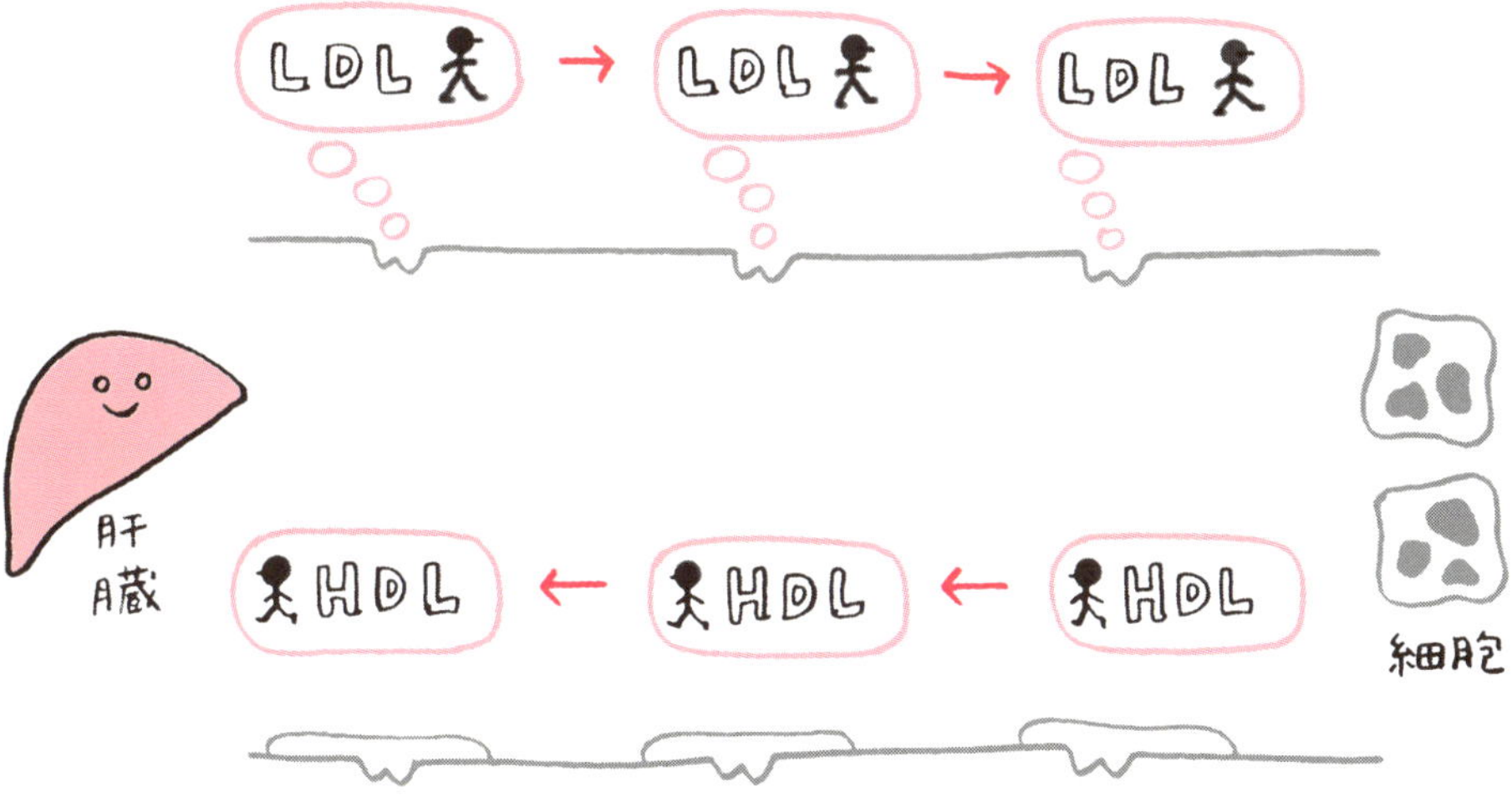

帰り 行きに埋めた傷をならして余りを回収しながら帰る

コレステロールは悪者ではありません

血液検査のコレステロールを調べる項目には「ＬＤＬコレステロール」「ＨＤＬコレステロール」「総コレステロール」があり、これまでは数値が基準値から外れていると「メタボリックシンドローム」と診断されていました。しかし最近では、ＬＤＬコレステロール値が正常範囲（１４０㎎／dl未満）であっても心筋梗塞を起こしたという例が非常に多いことから、ＬＤＬとＨＤＬの比率（ＬＨ比）が重要とされはじめています。

動物性脂肪を多くとるとＬＤＬコレステロール値は当然上がりますが、健康な人ならばＨＤＬとの比率は正常に保たれます。**コレステロールのバランスを崩す真の原因は、血管を傷つける原因になる糖質やトランスファットのとりすぎです。**これらがつくった血管の傷にコレステロールがたまると、高血圧や心筋梗塞、脳梗塞、脂質異常症などを招くことになります。

また、余ると中性脂肪として脂肪細胞にため込まれる性質のあるブドウ糖は、糖質からしかつくられません。よって糖質の摂取量を抑え、適度な運動を行っていれば、タンパク質や脂質を主食にしたからといって、太ることも病気になるようなこともありません。

その不調は体が「こげて」いるせい⁉

健康や美容のことを考えるならば、コレステロールよりも糖質を控えたほうが断然効果的でしょう。なぜならば、糖質をとると「糖化」という老化現象が起きるからです。

糖化とは、食事などからとった糖質が体内のタンパク質と結びつき、「最終糖化産物（ＡＧＥｓ）」という老化促進物質を生成する反応をいいます。わかりやすく説明すると、卵に砂糖を混ぜて焼けばこんがりと焼き色がつくでしょう。これと同じように、ＡＧＥｓは、タンパク質と糖が加熱されてできた物質です。糖質をとっているあなたの体は日々「こげて」いるのです。

ＡＧＥｓは、「一度体内で生成されると分解されずにどんどん増え続ける」という恐ろしい性質を持っています。糖化によってコラーゲン繊維が破壊されると、肌は弾力を失い、たるみを引き起こします。二の腕も言わずもがな。またコラーゲンや角質のケラチンはもともと透明ですが、糖化することで黄色や茶褐色に変化するため、シミ、シワ、くすみにつながります。この現象は頭皮や髪の毛についても同様で、髪の毛が切れやすいなどの症状が現れます。

糖化は動脈硬化の原因にも

糖化で傷つくのは肌や髪だけではありません。コラーゲンは血管にも存在し、クッションのような役割を果たしています。しかし、糖化によってもろくなると、血管の弾力が失われて厚くかたくなったり、血管壁に炎症が起こりやすくなったりして、動脈硬化、心筋梗塞、脳梗塞などのリスクが高まります。

前述した通り、コレステロールは美と健康を保つために不可欠な栄養素です。しかし糖質と一緒にとると、傷ついた血管にコレステロールがたまりやすくなり、「血管のつまり」を招く恐れがあります。血管に損傷がなければこんなことは起きないのですが、いつの間にか**「コレステロールがよくない」と誤解**され、長らく悪者にされてきました。

しかし糖化のメカニズムを理解すれば、**真の悪者は「糖質」である**ことがわかるはず。最近では、アルツハイマー病患者の脳には通常の約3倍のＡＧＥｓが蓄積されていたという報告から、アルツハイマー病との関連も指摘されています。また、糖尿病患者は腎臓がＡＧＥｓによってもろくなってしまうため、合併症になる危険性が高まります。このように**糖化は「老化」と「病気」の大きな原因**なのです。

老化と病気の原因となる「糖化」とは

糖質 × タンパク質 × 熱 ＝ **焼き色**

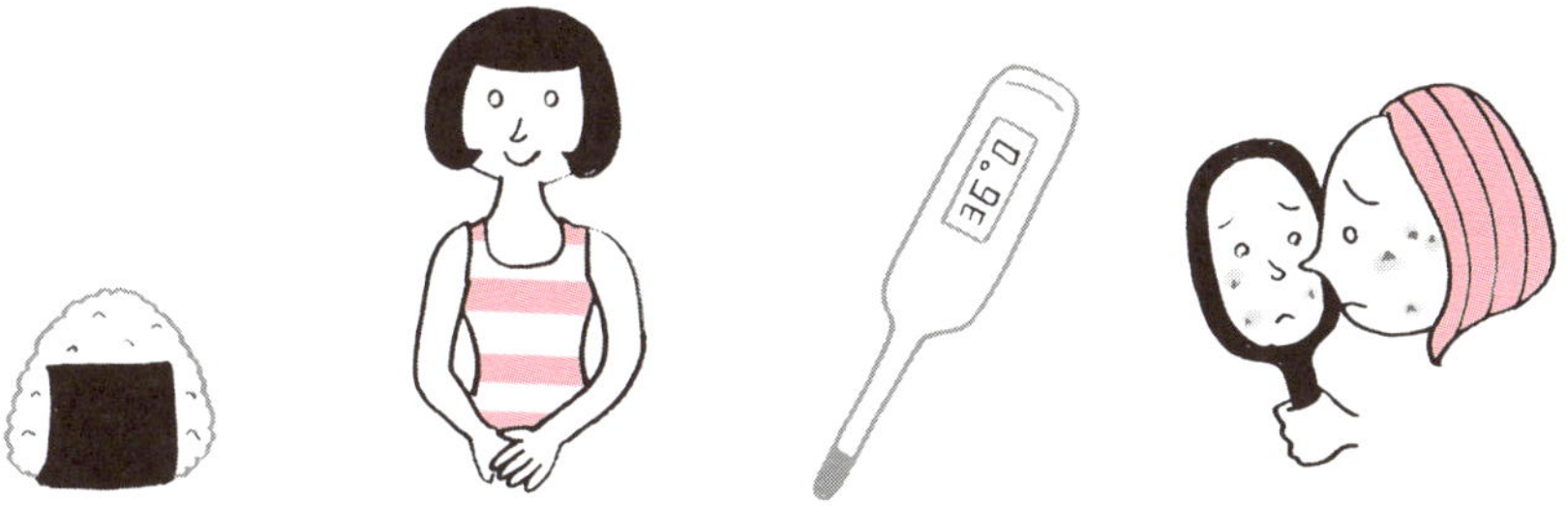

糖質 × 体内のタンパク質 × 体温 ＝ **シミ**

ビタミンCはサプリメントで補う

「野菜や果物を制限するとビタミン不足が気になる」という人もいますが、野菜に含まれる栄養素の多くは、あくまでも脂質やタンパク質を体内に取り込む手助けをする補助的な役割でしかありません。また体をつくるために必要なビタミンやミネラルのほとんどは、肉や魚などからも得られます。

しかし、**唯一ビタミンCだけは人間の体内では生成されず、肉や魚にも含まれていません**。そのため、**サプリメントで補うのがおすすめ**です。サプリメントは粒子が非常に細かく吸収がよいので、食べ物からとるよりも効率よく摂取できます。

ビタミンCにはタンパク質の吸収を助けてくれる働きもあるので、食後にとるのがいいでしょう。また、ビタミンCは水溶性ビタミンであるため非常に水に溶けやすく、吸収後わずか数時間で尿や汗から排出されます。そのため少量ずつ2~3時間おきにとるのが効果的ですが、それが難しい人は体内で徐々に溶けて少しずつ吸収される「タイムリリース型」のものを選んでください。これは海外サプリメントを取り扱っているネットショップで安く購入できます。

コンビニで買える低糖質食材

レトルトの焼き魚、塩味の焼き鳥

サラダチキン

葉物メインのサラダ

パスタが入ったものは避ける

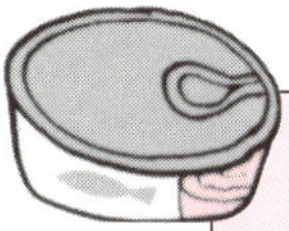

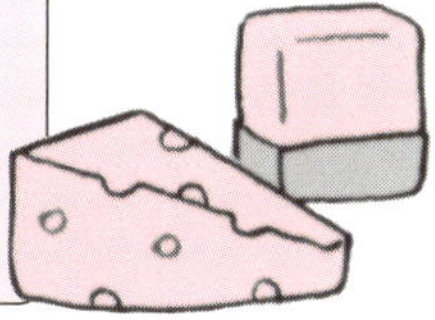

チーズ類

ツナ

マヨネーズをかけて召し上がれ

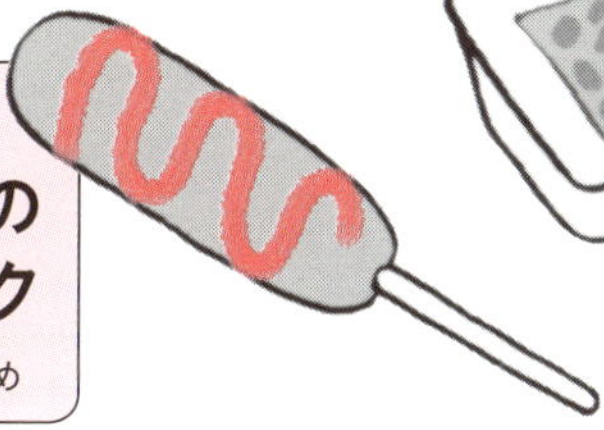

ジャンボフランクなどのホットスナック

衣少なめのものがおすすめ

納豆

ハム、サラミ、カルパス

おでん

卵、牛筋、ウィンナー、タコ、昆布、こんにゃく、しらたきはOK

ゆで卵

するめ、乾燥昆布

さきいかや酢いか、しっとりした味付き昆布は高糖質！

ゼロカロリーのスイーツ

スモークチキン、スモークタン

糖質を多く含む要注意食材一覧

	食品名	炭水化物 (g)	食物繊維 (g)	糖質相当量 (g)
穀物	コーンフレーク	83.6	2.4	81.2
	白玉粉	80.0	0.5	79.5
	小麦粉（1等薄力粉）	75.8	2.5	73.3
	パン粉（乾燥）	63.4	4.0	59.4
	フランスパン	57.5	2.7	54.8
	ぎょうざの皮	57.0	2.2	54.8
	もち	50.8	0.5	50.3
	食パン	46.7	2.3	44.4
	赤飯	41.9	1.6	40.3
	精白米	37.1	0.3	36.8
	玄米	35.6	1.4	34.2
	スパゲティ（ゆで）	32.0	1.7	30.3
	中華めん（ゆで）	29.2	1.3	27.9
	そば（ゆで）	26.0	2.0	24.0
	うどん（ゆで）	21.6	0.8	20.8
いも類	くずきり（ゆで）	33.3	0.8	32.5
	さつまいも	33.1	2.8	30.3
	やまといも	27.1	2.5	24.6
	じゃがいも	17.6	1.3	16.3
	ながいも	13.9	1.0	12.9
	さといも	13.1	2.3	10.8
豆類	えんどう豆（ゆで）	25.2	7.7	17.5
	ひよこ豆（ゆで）	27.4	11.6	15.8
	きな粉（脱皮大豆）	29.5	15.3	14.2
	あずき（ゆで）	24.2	11.8	12.4
	いんげん豆（ゆで）	24.8	13.3	11.5
その他の野菜	西洋かぼちゃ	20.6	3.5	17.1
	スイートコーン（缶詰・クリーム）	18.6	1.8	16.8
	れんこん	15.5	2.0	13.5

	食品名	炭水化物(g)	食物繊維(g)	糖質相当量(g)
その他の野菜	ごぼう	15.4	5.7	9.7
	にんじん	9.3	2.8	6.5
	プチトマト	7.2	1.4	5.8
果物	干しぶどう	80.7	4.1	76.6
	いちじく（乾燥）	75.3	10.7	64.6
	干し柿	71.3	14.0	57.3
	プルーン（乾燥）	62.4	7.2	55.2
	バナナ	22.5	1.1	21.4
	パイナップル（缶詰）	20.3	0.5	19.8
	西洋なし（缶詰）	20.7	1.0	19.7
	もも（缶詰）	20.6	1.4	19.2
	マンゴー	16.9	1.3	15.6
	ぶどう	15.7	0.5	15.2
	みかん（缶詰）	15.3	0.5	14.8
	柿	15.9	1.6	14.3
	りんご	15.5	1.4	14.1
	さくらんぼ（国産）	15.2	1.2	14.0
	西洋なし	14.4	1.9	12.5
	いちじく	14.3	1.9	12.4
	パイナップル	13.4	1.5	11.9
	みかん	11.5	0.4	11.1
	キウイフルーツ	13.5	2.5	11.0
調味料	上白糖	99.2	0.0	99.2
	黒砂糖	89.7	0.0	89.7
	はちみつ	79.7	0.0	79.7
	みりん風調味料	54.9	0.0	54.9
	焼き肉のたれ	33.1	0.4	32.7
	中濃ソース	30.8	1.0	29.8
	カレー粉	63.3	36.9	26.4
	ウスターソース	26.8	0.5	26.3
	トマトケチャップ	27.4	1.8	25.6
	チリソース	26.3	1.9	24.4
	オイスターソース	18.3	0.2	18.1
	ドレッシング（和風）	16.1	0.2	15.9

ケトジェニックダイエットQ&A

Q 肉が中心の食生活では、脂質を過剰摂取してしまわないか心配……。

A ケトジェニックダイエットを行うと、脂質は体内でケトン体というエネルギー源に生まれ変わります。ここで使われなかった脂質は尿で体外に排出されるため、たとえ多くとってもとりすぎることはありません。

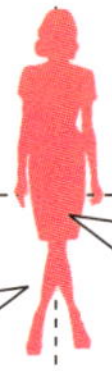

Q ケトジェニックダイエット中は「ケトン臭」という体臭が出ると聞いたのですが本当ですか？

A ケトン体に含まれるアセトンという成分が原因で、体質によっては「ケトン臭」と呼ばれる体臭が発生することがありますが、3ヵ月程度で自然におさまりますので心配ありません。早くにおいを消したい、もしくは出したくない人は、まずは1食ずつケトジェニックメニューにするなど、徐々に体をならしていくといいでしょう。水をたくさん飲んで運動する、クエン酸を飲むなども効果的です。

Q 糖質であっても、果物や五穀米、はちみつ、オリゴ糖など健康にいいとされるものは食べてもよい？

A いくら健康効果が期待される食品であっても、これらは糖質には変わりないため、口にしている間はケトン体がつくられません。よって、ケトジェニックダイエット中は避けることをおすすめします

Q 脳のエネルギー源は糖質だけといわれています。ケトジェニックダイエットを行うと脳のはたらきに影響が出るのでは？

A 確かに以前まで、糖質からつくられるブドウ糖が脳をはたらかせる唯一のエネルギー源だと信じられていましたが、近年の研究ではブドウ糖が枯渇した状態になると肝臓でつくられるケトン体も、脳のエネルギー源になることが証明されています。それどころか、ケトン体は脳の炎症を抑える、活性酸素を取り除く、アルツハイマーのリスクを下げ予防するといった効果も報告されています。

Q ケトジェニックダイエットを行っていますが、なかなか効果が出ません。

A ケトン体は肝臓でつくられるため、アルコールや薬、医薬品レベルの効果があるとされるダイエットサプリメントなどで肝臓を酷使している人は、効果が出にくい場合があります。アルコールや体づくりに不必要なサプリメントの摂取を一旦やめて、様子を見るといいでしょう。常用している薬や持病がある人は、かならず主治医の指示を仰いでください。

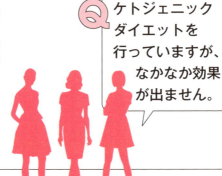

PART

3

life style

ちょっとの工夫で体が変わる！

理想の二の腕をつくる生活習慣

ちょっとの工夫で体が変わる！

理想の二の腕をつくる生活習慣

「猫背」は二の腕をたるませる！

日本人の多くは生まれつき「かかと重心」であるため、骨盤が後傾しやすく「猫背」になりがちです。最近ではパソコンやスマホが普及したことで座る時間が長くなり、その傾向は年を追うごとに高まっています。

体を丸めた姿勢は体をリラックスさせるポーズであるため、そのほうがラクだと感じる人も多いでしょう。しかし、**猫背の姿勢は二の腕をたるませる大きな原因のひとつ**です。背中を丸めると体の前面にある筋肉が縮まると同時に、首から背中にある「僧帽筋」という筋肉が引っ張られます。伸びきった状態の僧帽筋は、腕を支えるために日常生活で使いっぱなしになり、その結果肩まわりがどんどんいかつくなっていきます。また、猫背は首や内臓に負担をかける体勢であるため、肩こりや頭痛、便秘といった症状も引き起こされます。

そうならないためにも、普段からＰＡＲＴ１でご紹介したワークアウト中の正しい姿勢「つま先重心」「胸を張る」「骨盤前傾」を心がけましょう。それだけでも1～2ヵ月で二の腕だけでなく、全身のシルエットが変わってきます。

ワークアウト後には鏡をチェック

この本でご紹介しているワークアウトは、1回が約10分程度。毎日行う必要もないため、これまでダイエットに失敗してきた人でも気軽に続けられるはずです。

それでも続けられるか不安な人は、「ワークアウト後に自分の二の腕を鏡に映す」習慣をつけましょう。ウエイトトレーニングで負荷をかけ続けると、筋肉は血液と水分を引きこみ、一時的にふくらみます。この「パンプアップ」という状態によって、ワークアウト後の二の腕にはかならずよい変化が生まれています。それをしっかり確認してください。このうれしい変化が、ワークアウトの最大のモチベーションになるはずです。

自分のために行っているはずの体づくりも、変化を感じなければやらされている感覚になり、いつしか苦痛に感じるようになります。そんな消極的な取り組み方ではよい結果を得られるはずもありません。世の中の美しい人たちは、自分の体に「プライド」を持っています。このプライドがあればこそ、彼女たちはどんな時であっても自分磨きを怠りません。あなたも今日から自分に自信とプライドを持ってください。それが理想の二の腕への第一歩です。

ちょっとの工夫で体が変わる！

理想の二の腕をつくる生活習慣

ダイエットにランニングは非効率

最近のマラソンブームにより、あらゆるところでランニングやウォーキングをしている人を見かけるようになりました。適度に体を動かすことは健康維持につながりますし、多くの人が「汗をかくのは気持ちいい」と感じていることでしょう。

しかし、**ダイエットやボディメイクを目的にランニングを行っているならば、効率があまりにも悪い**です。なぜならば、私たちの体には「遅筋」と「速筋」という2種類の筋肉があり、ランニングやウォーキング、エアロバイクなどの有酸素運動で鍛えられるのは「遅筋」です。遅筋はエネルギー消費が少なく、疲れにくいのが特徴で、多くの脂肪を燃焼させるには長時間連続して運動しなければなりません。また遅筋は鍛えてもそれほど太くはならないので、**基礎代謝を上げるのにも非効率**です。

一方、ウエイトトレーニングや短距離走などの無酸素運動で鍛えられるのは「速筋」です。この速筋は短時間の運動で太くなりやすく、同じ太さの遅筋に比べて約1・5倍のエネルギーを消費するといわれています。そのため速筋を鍛えることで基礎代謝が格段にアップします。

よって、ダイエットやボディメイクのためには有酸素運動ではなく、無酸素運動を行ったほうが、より早く確実に理想の体に近づけるといえるでしょう。

加えて最近の研究では、デスクワークなどと並んでランニングが自律神経を疲れさせる行為であることがわかってきました。仕事を終えた後のランニングはストレス解消のように見えて、実はストレスを増幅させるものだったのです。

有酸素運動を取り入れるならば、かならず無酸素運動と並行して行いましょう。長時間の運動はストレスホルモンである「コルチゾール」を分泌させてしまうため、時間は30分以内が理想です。コルチゾールには筋肉を分解する作用があるので、ダイエットやボディメイクの大敵！　水圧にさらされる入浴も、長時間にわたるとコルチゾールを発生させますので、半身浴やサウナも同じく30分以内が良いでしょう。

「1日6食」食べてやせる！

現在、海外の一流フィットネスモデルの間では、「1日6食ケトジェニック」が大ブームとなっています。これはタンパク質メインの食事を少量ずつ頻繁にとることで、内臓の働きや代謝が一日中活発になり、やせやすくなるという食

事法。食事と食事の間隔が短いため、1回の食事量が自然と減るのに空腹をあまり感じないのもメリットです。

多くのコンテスト前のボディビルダーがまったく同じ食事法を実践していることからも、筋肉を維持しながら効率よく脂肪を落とすには、食事の回数を増やすのが一番効果的であることがわかります。これと真逆なのが、1日2食しか食べない相撲取りの食事法です。食事回数が減ると人間の体は飢餓状態となり、次の食事を可能な限りまで吸収して栄養にしようと、脂肪合成能力を促進させます。相撲取りは大きな体を築き上げるために、あえて太るための食事法を選択しているのです。

このことから、食事はこまめにとるほうがダイエットには有効だといえます。

「アンチエイジング」から「エイジレス」の時代へ

現在の日本では、老化に逆らう「抗加齢」を意味する「アンチエイジング」ばかりが取り上げられます。しかし、海外ではもはや一時代前の考え方だといえるでしょう。すでに欧米の女性たちは「Age is just a number.（歳は単なる数字）」を合い言葉に、「年齢を言い訳にしない生き方」を実践しています。

そのひとつのあらわれとして、海外のボディビルコンテストのレディース部門で総合優勝するのは、決まって35歳以上であるマスターズクラスのベテランです。彼女たちにとって年齢は人間が勝手に決めた数字でしかなく、決して自分の価値をはかるものさしではありません。

二の腕ひとつとっても、「もう歳だから、今からはじめても絶対に無理」と決めつけている間は、永遠に今のまま。何もしなければ、筋肉は歳とともに衰えていきます。しかし何歳であっても活性化を促せば、筋肉はかならずそれにこたえてくれます。

体づくりに年齢はまったく関係ありません。それどころか、長く続ければ続けるほど小さな効果が積み重ねられ、大きな結果を生み出します。ワークアウトを継続すれば、年々衰えるどころか、行った年数分だけ美しく、整った体になれるのです。

年齢を重ねるほどにより美しく、輝きを増す。それが「エイジレス」です。3年後のあなたが今より美しいか否かは、現在のあなたにかかっている。それを忘れないでください。

出せる！ 魅せる！

二の腕ワークアウト

北島達也先生から読者のみなさんへ!

動画でパーソナルトレーニングが見られます！

QRコードを
読み込んで
アクセス!

本書および下記動画の
モデル協力

塚本奈々美

レーシングドライバー、モデル・タレント
FIA 国際 B ライセンス、D1 - A ライセンス
講談社「リアル真子・塚本奈々美スタイル」配信中
http://nana-jkb.com/

本書で紹介された**エクササイズ**のワークアウトを
北島達也先生が動画で直接指導します。
動画を参考に、出せる！ 魅せる！ 二の腕を実現してください。

※動画は WEB 上での限定公開動画です。小冊子や DVD などの送付ではございません（無料メールマガジンの登録が必要です）。
※上記動画のご提供は予告なく終了となる場合がございます。あらかじめご了承ください。刊行より２年程の予定です。

http://vodeza.com/gym/limited/

北島達也
オリジナルサプリメントのご紹介

vodezaダイエット
&
タイムリリースビタミンC

ケトジェニックダイエットにしても低脂肪ダイエットにしてもダイエット成功の鍵は、カタボリック（異化作用）をいかに起こさないかです。カタボリックとは肌や髪の毛、筋肉などを粗悪にし、そこからエネルギーを作り出してしまう反応です。

このカタボリック状態に陥ってしまうと体脂肪率が下がらずに肌や髪の毛はボロボロ、必要な筋肉が落ちてしまうのでお尻や胸は垂れ下がり、お腹はぽっこり、まさに老化してしまうのです。

こうならないためには各種アミノ酸やビタミンなどをバランスよく定期的に摂取する必要があります。

しかし現在は多種多様なサプリメントが販売されているために何をどのくらい摂取すればダイエットに最適なのか、そう簡単には理解できない人も多いはずです。

そこで効果的で長く人気があるサプリメントを最適な比率で調合し、ダイエット成功のために開発したのが「vodeza ダイエット」なのです。

主な成分は BCAA. グルタミン、アルギニン、コラーゲン、コンドロイチン。マルチビタミンやケトジェニックダイエットにおいて不足しがちなビタミンCを一度の摂取でバランスよくタイムリリースしてくれる話題の脂溶性ビタミンCまで配合。まだまだほかにも必要な成分をバランスよく配合しており、これ1つでダイエット時のサプリメントは完璧というパッケージになっています。

糖質0 MCTパウダー

ケトン体に最も早く変換されるココナッツオイルなどに代表される中鎖脂肪酸はケトジェニックダイエットに必要不可欠。しかしココナッツオイルは、香りに飽きてしまう、冷たい飲み物に溶かせない、料理の味を変えてしまう、持ち運びに不便などさまざまな問題があり、使うことを断念してしまう人は多いでしょう。

それらの欠点をすべて解消したのが MCT パウダーです。成分は 100% 中鎖脂肪酸、しかも無味無臭でパウダー状だから冷たい飲み物にも溶かせます。100% 中鎖脂肪酸なので素早くケトン体に変換され、ケトジェニックダイエットの強い味方となるでしょう。

しかし今まで国内では MCT パウダーというと糖質を多く含む物しか販売されていませんでした。

そこで当社独自の製法により糖質 0 の MCT パウダーを作ろうとのプロジェクトのもと、ついに糖質 0 の MCT パウダーが完成し、販売することに成功しました。

著者略歴　**北島達也** Tatsuya Kitajima

フィットネストレーナー。元ヘアメイクアーティスト。本場のボディビルカルチャーに憧れ、20代前半で単身渡米。ハリウッド俳優が集結する有名ジムで数々のトップビルダーから指導を受け、独自で体得した知識と経験を統合。〝本場のボディビルディング〟と〝科学的なワークアウト〟を自身で実践しながら理論を構築し、カリフォルニアのボディビルコンテストにて日本人初のチャンピオンに輝く。

完全個別指導のパーソナルトレーニングジムVODEZAをオープンし、「長時間ではなく週2回、1日20分トレーニングするだけ」という驚異のワークアウト法が話題を呼ぶ。有名経営者、芸能人、プロアスリートなど1万人以上を指導。確かな経験から導き出される的確な指導で絶大な支持と結果をもたらしている。

著書には『ハリウッド式ワークアウト　腹が凹む！神の7秒間メソッド』(ワニブックス)がある。

ブックデザイン	小林昌子
モデル	塚本奈々美
ヘアメイク	伊藤三和
イラスト	花島ゆき
撮影	伊藤泰寛(本社写真部)
企画・構成・編集協力	岡橋香織

講談社の実用BOOK

出《だ》せる！ 魅《み》せる！

二《に》の腕《うで》ワークアウト

2017年4月12日　第1刷発行
2018年6月21日　第4刷発行

著者　北島達也《きたじまたつや》

発行者　渡瀬昌彦
発行所　株式会社 講談社
〒112-8001 東京都文京区音羽2-12-21
電話　編集 (03) 5395-3527
販売 (03) 5395-3606
業務 (03) 5395-3615

製版・印刷　共同印刷株式会社
製本　株式会社国宝社

ISBN978-4-06-299868-0

※持病がある方はかかりつけの医師に相談のうえ、行ってください。
ワークアウト中に痛み等を感じた場合はすぐに中止し、医師にご相談ください。